AU ROI.

Très-humbles & très-respectueuses représenta-
tions des Chevaliers, Voyageurs & Confreres
de devotion du Saint-Sépulchre de Jérusalem
formant ensemble l'Archi-Confrairie Royale
du même nom, établie en l'Eglise des
Cordeliers de Paris.

Sire,

Les Chevaliers, Voyageurs et Confreres de
dévotion du Saint-Sépulchre de Jerusalem, formant
l'Archi-Confrairie Royale de ce nom, instituée en 1130,
établie à Paris en 1254, & ouvertement protégée dans tous
les tems par les Rois vos prédécesseurs, viennent avec une

A

re‑pectueufe confiance aux pieds du Trône de **V o t r e M a j e s t é** , reclamer votre juftice pour obtenir la confervation de leurs droits & la révocation d'un Ordre qui les prive d'une de leurs principales prérogatives.

Cet Ordre notifié le 2 Juin 1776 , au Sécretaire général de l'Archi‑Confrairie , interdit à tous les Membres la faculté de porter la Croix dont ils font en poffeffion depuis l'établiffement de l'Archi‑Confrairie, de fe décorer. Il ordonne encore la repréfentation des Regiftres , à l'effet d'y faire rayer les qualifications prifes dans les délibérations.

Les Supplians , **S i r e** , pénétrés de refpect pour votre volonté , s'y font auffitôt foumis en fe dépouillant des marques extérieures de leur affociation ; mais comme la radiation des regiftres entraînait plus de conféquences, ils ont demandé qu'il fut furcis jufques à ce qu'ils euffent préfenté à **V o t r e M a j e s t é** leurs très‑humbles repréfentations.

Le Miniftre éclairé à qui ils ont préfenté cette demande perfuadé d'après la conduite que les membres de cette affociation ont tenue dans tous les tems , que ni l'ordre public , ni même aucun corps particulier ne pouvoit être bleffé par les dénominations que prennent entre eux des citoyens réunis pour concourir en corps à des actes de religion & de piété , le Miniftre , difons nous , a fufpendu l'exécution des ordres dans cette partie.

C'eft dans ces circonftances , **S i r e** , que les Supplians viennent folliciter votre bienfaifance & votre protection en faveur d'une affociation qui la mérite puifqu'elle a pour bafe la Religion, & pour objet, le Culte Divin, le foulagement des malheureux, la confervation de VOTRE MAJESTÉ, & la gloire de votre régne.

FAIT.

Tous les Ordres Religieux-Hofpitaliers-Militaires, ont pris naiffance dans l'Orient. Ils doivent leur origine aux Croifades. Depuis l'année de notre rédemption, les Chrétiens ont toujours eu la plus grande vénération pour les lieux Saints qui ont vu accomplir ce grand Miftere, & dès le régne de Conftantin, où la Religion Sainte a eû un culte public, de pieux Cénobites ont été établis pour prier particulierement fur ces Saints lieux. Les fchifmes qui ont divifé l'Eglife n'ont point diminué ce Culte qui s'eft fait comme il fe fait encore fous différens Rites.

Les infideles s'étant emparés des provinces où ces lieux Saints étoient fitués, ce culte a été quelques tems interrompu, mais le zèle des premiers Pafteurs de l'Eglife ayant excité celui des Princes Chrétiens, on vit bientôt des armées traverfer les mers pour aller arracher aux Sarazins, ces lieux fi précieux, pour lefquels ils n'avoient pu fe refufer eux mêmes d'avoir du refpect.

La premiere Croifade fut déterminée dans le Concile de Clermont en Auvergne, préfide par le Pape Urbain II, & publiée de l'autorité de Philippe I. Roi de France. Godefroy de Bouillon fut élu par les Français pour la commander. Il y alla accompagné de Hugues fils de France & frere du Roi, du Duc de Normandie, des Comtes de Flandres, de Champagne & de Touloufe, Pairs du Royaume. Baudouin & Euflache, freres du Général, le fuivîrent ainfi que les plus grands Seigneurs de la France & de plufieurs Etats de l'Europe.

Il fe joignit à ces feigneurs, des François de tous les Ordres de citoyens qui fe croiferent avec eux; l'ufage étoit de porter fur l'habit & fur le cafque, une croix rouge ou de la couleur des livrées, en s'obligeoit par ferment de la conferver pendant un certain tems & jufqu'à certaine époque. Le Roi accorda aux Croifés, des priviléges qui en augmenterent le nombre & bientôt ils formerent une armée formidable.

Les fuccès de cette Croifade furent heureux & rapides. Godefroy de Bouillon entra victorieux dans Jérufalem, il y fonda un Empire fous la protection du Roi de France Chef de la Croifade. De concert avec les Barons François il y établit les loix féodales que l'on obfervoit en France. Godefroy ne prit point le titre de Roi de Jérufalem, mais feulement celui de Duc par la grace de Dieu & avoué du Saint-Sépulchre. (*)

La diftinction des deux Puiffances fpirituelle & temporelle fut établie avec le Royaume, ** & obfervée con-

---

(*) *Epitre de Godefroy Duc par la grace de Dieu & avoué du Saint-Sépulchre de Jérufalem écrite à Pafcal II, l'an 1099, Vide Baronius, tome 12 fol. 4.*

- Ses fucceffeurs ont pris le titre de Rois, mais ce Royaume eft refté fous la protection de la France, tant qu'il a duré, & depuis ce tems les lieux Saints font toujours demeurés fous la protection fpéciale & particuliere de nos Rois.

(**) Affifes du Royaume de Jérufalem. CCCXV.

formément à nos maximes. Il y eut des Principautés, des Baronies, des terres avec les droits de Juftice. Le Patriarche Latin dont le fiége fut fixé à Jérufalem, obtint la Primatie fur les Archevêques, Evêques Abbés & Prélats fuffragans.

La délivrance des lieux faints avoit été le premier objet de la Croifade. Le rétabliffement du Culte qui leur étoit dû, étoit une fuite néceffaire de ces fuccès. Les Eglifes furent rétablies par Godefroy de Bouillon & diftribuées aux différens Ordres Religieux du Rit Latin, qui étoient paffés en Orient avec les Croifés. De tous les lieux Saints, celui qui excitoit le plus la vénération des fideles, c'étoit le Saint-Sépulchre. Renfermé par Sainte-Hélene dans l'enceinté de l'Eglife Patriarchale il en devint le titre, & l'Eglife & le Chapitre du Saint-Sépulchre eurent la prééminence fur toutes les autres. Ce Prince fit en outre réparer le Temple, l'Abbaye appellée Latine & tous les anciens monumens de la Religion.

Albert Chanoine d'Aix, rapporte ainfi l'origine de l'établiffement du Saint-Sépulchre. *Liv. VI, chap. XL.* » En 1099 le grand Prince de Jérufalem & les autres Prin- » ces & Barons, établirent dans l'Eglife du Sépulchre du » Seigneur, vingt freres qui devoient chanter perpetuel- » lement l'Office Divin & y célébrer les Saints-Mifteres. Il remarque que le Prince fit pofer des cloches dans ce Temple pour appeller le peuple, & qu'elles furent les premieres que l'on entendit dans la Paleftine.

On affocia à ces Prêtres, des Militaires pour Garder les Saints lieux, & ces derniers prirent le titre du lieu confié à leurs foins ; c'eſt ce qui a donné la naiſſance aux différens ordres de Chevalerie de Jéruſalem , qui furent dans le principe compoſés des Ordres de Citoyens qui s'é-toient croiſés , *ceux qui furent chargés de la garde du Tem-ple de Salomon , furent appellé Templiers ; les Bénédiɛins de Saint-Jean l'Aumônier , enſuite de Saint-Jean-Baptiſte , (aujourd'hui l'Ordre de Malthe) deſtinés à tenir l'Hôpital, furent placés à l'Abbaye Latine , ainſi qı leur Ordre de Cheva-lerie ; les Laʒariſtes in Eremo Laʒarum ; les Allemans firent conſtruire une Abbaye qu'on appella Sainte-Marie des Teutons.* C'eſt ainſi que ſe ſont formé les differens Ordres Militaires & Hoſpitaliers diviſés en trois claſſes, ſçavoir les Chevaliers, qui étoient les Nobles, les Chapelains qui étoient les Prêtres & les freres ſervans , tirés des Notables non Nobles. La ſu-périorité de l'Egliſe du Saint-Sépulchre ſur celles qui furent établies à Jéruſalem , a conſtitué la ſupériorité de l'Ordre Militaire du Saint-Sépulchre ſur tous ceux qui ſont nés avec lui. (2)

---

(2) » His ita procédente tempore cum omnibus mundi partibus di-
» vites & pauperes , Juvenes & Virgines , ſenes cum junioribus , loca
» Sancta viſitature hieroſolymum pergerent, latrunculi quidam & rap-
» tores & viarum publicarum prædatores incantis peregrinis inſidiantes
» multos ex ipſis ſpoliabant, quoſdam autem trucidabant, quidam au-
» tem deo amabiles & devoti milites Charitate ferventes, mundo renun-
» ciantes & Chriſti ſervitio ſe mancipantes in manu Patriarchæ hye-
» roſolimitanis profeſſione & voto ſolemni ſeſe aſtrinxerunt ut à præ-
» dictis latronibus & viris ſanguinum defenderent peregrinos & ſtratas
» publicas cuſtodirent more Canonicorum regularium in obedientia

Les Membres de chacun de ces Ordres Militaires &
Religieux, devoient vivre fous la même regle que les Prêtres qui deffervoient l'Eglife à laquelle ils étoient attachés.
Une de leur obligation étoit d'affifter aux Offices, celle-là
a donné lieu à l'établiffement des Confrairies inhérentes à
chacun de ces Ordres, & qui ont eu pour objet de faire
participer les fideles, non incorporés dans ces Milices,
au mérite des prieres communes, & d'augmenter par-
les aumônes que ces affociés donnoient les fecours que
l'on diftribuoit à ceux qui avoient des befoins.

Godefroy de Bouillon ayant fait dreffer les affifes de
Jérufalem, qui en font les loix, ftatuts, ufages &
coutumes, & qui font appellés par Guillaume, Archevê-
que de Tyr, *Jus Confuetudinarium quo regebatur re-
gnum Orientale*, leur donna la fanction publique, & l'autorité dans une affemblée des Etats du Royaume; elles
furent fcellées de fon fceau, de ceux du Patriarche, &
du Vicomte de Jérufalem. Ce corps de loix fe nommoit
les Lettres du Saint-Sépulchre, parce que cette Eglife, dé-
pofitaire de la plus précieufe Relique, devint le tréfor de
la Couronne, & des Chartres, c'eft-à-dire le principal dépôt des archives, ufage que Saint-Louis a imité en faifant

---

» & caftitate & fine proprio militaturi Summo Regi. Jac. de Vitriac
LXV.

» *Pierre Tudebodi ou Tubœuf Prêtre de Civrac en Poitou*, nomme
» *auffi* Milites Chrifti & peregrini Sancti-Sepulchri. *En l'année 1099,*
» *il parle de la Proceffion que fit Arnoult, Patriarche du Saint-Sépulchre*
» *au Temple portant la Croix*, quam invenerant Peregrini Sancti-
» Sepulchri. *Duch. Tom. IV. Page 823.*

bâtir la Sainte Chapelle du Palais, à Paris. On confultoit les aĉtes qui y étoient confervés, en préfence du Roi, ou d'un Commiffaire envoyé de fa part, du Patriarche, & en fon abfence, du Prieur du Saint-Sépulchre, de deux Chanoines de cet Ordre, & du Vicomte de Jérufalem.

Par une diftinĉtion particuliere, ce Prince accorda à l'Ordre du Saint-Sépulchre le Privilege de fçeller les aĉtes en cire blanche, comme ceux qui étoient émanés de la Chancellerie du Royaume. Dans la fuite l'Ordre des Templiers employa la cire rouge, celui de Saint-Jean, de Sainte-Marie *Teutonique*, la cire noire, celui de Saint-Lazare, la verte.

L'origine commune de ces Ordres Religieux, eut pour baze, comme on vient de le prouver, la piété. La néceffité de fe défendre contre l'ennemi commun, de garantir les Pélerins d'infultes fur les chemins, en a fait des Ordres Militaires, & la charité à exercer envers les Pélerins, les rendit Hofpitaliers. Ces différens Ordres confondus & ne faifant plus qu'un corps avec leur Maifon premiere, furent nommé en général, *l'Hôpital de Jérufalem* & ne furent plus connus que fous le nom de Religieux Militaires & Hofpitaliers. Ils avoient un Maître Général commun à tous les Ordres Hofpitaliers de l'Orient, jufqu'à ce que des événemens ont determiné chacun d'eux à fe choifir des Supérieurs particuliers, relativement à leurs pofitions.

Le Patriarche de Jérufalem fut d'abord le Supérieur de toutes ces Religions & enfuite le Supérieur particulier de celle du Saint-Sépulchre, qui fuivoit la regle de Saint-Auguftin, guſtin. Ces derniers avoient en outre un Prieur (1) qui portoit, ſuivant le livre des aſſiſes, Mitre & Annel & non la Croſſe, comme nous voyons le Tréſorier de la Sainte-Chapelle de Paris, qui paroît avoir été créé à ſon imitation.

Ce Prieur (2) avoit le droit de concourir avec ſon Chapitre à l'Election Canonique des Patriarches de Jéruſalem qui étoient leurs Abbés ; on voit même dans le Corps du Droit Canon (3) que le Patriarche de Jéruſalem ne pouvoit point faire l'Election des Abbés & Abbeſſes & autres perſonnats de ſon Egliſe ſans le Chapitre du Saint-Sépulchre, d'où il réſulte que l'Ordre du Saint-Sépulchre avoit la prééminence ſur tous ceux de l'Orient. Jacques de Vitry, élevé en 1 2 1 6 à l'Evêché d'Acre, Egliſe dépendante du Saint-Sépulchre, a démontré cette ſupériorité & l'origine commune des Ordres de Chevalerie ; il nous apprend que les Templiers, les Religieux du Mont de Sion, du Mont des Olives, (4) étoient des Abbés & des Chanoines ſoumis à la regle de Saint-Auguſtin. S'il parle de l'Ordre de Saint-Jean (5) de l'Abbaye Latine, & du Mont Thabor, il déſigne des Abbés & Moines noirs ſoumis à la regle de Saint-Benoît.

Les Auteurs qui ont écrit ſur les Croiſades, laiſſent entrevoir l'origine commune, Canoniale & Monacale des Ordre Hoſpitaliers & Militaires de l'Orient. Il y a une uni-

----

(1) Aſſiſes, CCCXVII.

(2) Jac. de Vitriac, Chap. LVIII.

(3) Corp. Juv. Canon. Lib. III. Tit. IX. C. IV.

(4) Ces deux dernieres Maiſons appartenoient à l'Ordre du Saint-Sépulchre.

(5) Aujourd'hui l'Ordre de Malthe.

B

formité entre les Chevaliers du Saint-Sépulchre & ceux de l'Ordre de Saint-Jean ; mais le Saint-Sépulchre, dit Jacques de Vitry, *His omnibus insignis locus ille præeminens inter alia loca sancta Maximam obtinet privilegii dignitatem* (1).

Ces Religieux considérés comme Chevaliers, étoient armés, comme ils le font encore aujourd'hui sur le Saint-Sépulchre, en qualité de Soldats de Jésus-Christ, par le Patriarche & les Souverains de Jérusalem, & comme Hospitaliers, l'exercice de la charité se distribuoit par l'autorité du Primat de l'Eglise du Royaume. Lorsque les Historiens & les anciens Auteurs font mention des cinq Ordres Hospitaliers de l'Orient, lorsqu'il est question d'eux dans les *Diplomes* des Souverains, ou dans les Bulles des Papes, ils font également désignés en général sous le titre *Hospitaliers*, excepté dans les cas particuliers où ce qui précede ce mot, & ce qui le suit détermine sans équivoque l'un d'entre eux.

Ces Chanoines ou ces Réguliers nommés depuis l'union des Réguliers avec les Militaires, les Freres de la Milice, *Fratres Militiæ* étoient encore divisés en *Milites Orantes*, Chevaliers prians, en *Milites Militantes*, Chevaliers combattans. Guillaume de Tyr dit ; *ut inter cæteros essent notabiliores, cruces de panno rubeo mantellis suis cæperunt assumere tam equites quam eorum fratres inferiores qui dicuntur servientes.* Parlant ailleurs de ces Freres servans, il ajoute, *quorum pæne infinitus est numerus.*

_____

(1) *Gesta dei per francos.*

On trouve dans les affifes de Jérufalem (1) & dans l'itiné-
raire de Benjamin de Tudelle une preuve convaincante que
la confiftence de l'Ordre du Saint-Sépulchre dans l'Orient,
étoit fupérieure à celle des autres. Le Patriarche de Jérufalem, le Chapitre du Saint-Sépulchre & le Mont des Olives
fourniffoient au ban de l'armée au nom de l'Ordre du Saint-
Sépulcre 1150 Servans ou Sergens d'armes, les Templiers n'en fourniffoient que 150, & l'Ordre de Saint-
Jean que 50.

Jacques Bozio (2) qui a puifé dans les dépôts de l'Ordre
de Saint-Jean pour écrire fon hiftoire, affure que les Chevaliers de l'Ordre du Saint-Sépulchre demeuroient dans l'en-
ceinte de l'Eglife du Saint-Sépulchre de Jérufalem, qu'ils
militoient fous la regle de Saint-Auguftin, fous l'inftitut &
les bonnes maximes des Chanoines Réguliers du même
Ordre qui défervoient l'Eglife du Saint-Sépulchre. Il affirme
avec connoiffance de caufe, *da antiche fcritture fi ricoglio,*
qu'ils ont été inftitués du tems de Godefroy de Bouillon,
& que l'habit des Religieux Chevaliers étoient un manteau
blanc fur lequel ils portoient la Croix rouge.

Leurs principales obligations & leurs principaux exerci-
ces étoient, dit le même Auteur, *» per quanto fi ricoglio*
» da alçuni loro ftatuti manofcritti ch'in mio poter fi
» ritrovano, « de garder l'Eglife du Saint-Sépulchre, d'a-
maffer les aumônes & les oblations des fideles dont ils pre-
noient la moitié pour la dépenfe de leur Couvent, & em-
ployoient l'autre à racheter les Chrétiens de l'efclavage.

---

(1) Affifes CCCXXX.
(2) LX. Il étoit frere d'un Grand Croix de l'Ordre de Malthe.

Ils avoient un Ambassadeur ordinaire auprès du Soudan d'Egypte, qui les instruisoit du nombre, de la qualité & de la condition des Chrétiens esclaves que les Infideles retenoient dans les fers. On voit d'ailleurs que l'Evéché d'Acre (1), Eglise dépendante de l'Ordre du Saint-Sépulchre, comptoit parmi ses Suffragans, l'Ordre de la Trinité ou de la Rédemption des Captifs, ce qui semble prouver que les Religieux de ce nom sont des enfans de l'Ordre du Saint-Sépulchre de Jérusalem.

Bozio continue sa narration d'une maniere si positive, que cela devient une sorte de preuve. Il assure qu'ils fournissoient la rançon des Chrétiens, soit des aumônes ou des biens de l'Ordre du Saint Sépulchre, soit des quêtes qu'ils faisoient faire par des Religieux dans toute l'étendue de l'Europe ; ils avançoient des sommes considérables pour la délivrance des gens riches, ils supportoient les frais de celles des pauvres, dans l'un & l'autre cas ils faisoient des échanges de prisonniers.

La religion du Saint-Sépulchre, dit *Bozio*, étoit dans l'obligation d'entretenir des chevaux d'armes, & de défrayer cent Chevaliers qui accompagnoient le Roi de Jérusalem & sa Cour à la guerre contre les Infideles ; ils étoient tenus de faire l'aumône, de jeûner les jours ordonnés par l'Eglise, d'entendre chaque jour la sainte Messe, & de réciter l'Office de la Croix.

L'Ordre du Saint-Sépulchre acquit une telle considération, que non-seulement la France, mais l'Allemagne, la Suede, la Pologne, l'Espagne, l'Italie, l'Angleterre

____

(1) Assises CCCXXIII.

lui donnerent des marques d'une protection particuliere, &
les Souverains de ces Etats ont cru devoir y ajouter de
grands bienfaits. Un trait d'histoire rapporté par *Zurita*,
célèbre Historien Espagnol, en donne la preuve. Alphonse,
dit le batailleur, Roi d'Arragon, se voyant sans enfans,
& voulant assurer ses Etats contre l'invasion des Maures
en 1131, institua par testament, héritiers & successeurs
de son Royaume le Saint-Sépulchre, & ceux qui avoient
la charge de le garder.

Les Papes avoient toujours également protegé l'Ordre
du Saint-Sépulchre ; Innocent II étant mort en 1143,
Celestin II son successeur prit cet Ordre sous la protection
de Saint-Pierre, & par sa Bulle du 10 Janvier suivant, con-
firma les Freres du Saint-Sépulchre de Jérusalem dans les
donations qui leur avoient été faites par le Duc Godefroy
de Bouillon, Baudouin I, Baudouin II, Rois de Jérusalem, & par les Patriarches.

La ville d'Edesse ayant été forcée par Noradin, l'on
craignit en Occident qu'il ne reprit les conquêtes faites
par les Chrétiens. Louis VII, Roi de France, protecteur
du Royaume de Jérusalem, crut devoir aller au secours
de Baudouin III, enfant mineur, fils du feu Comte d'An-
jou & du Maine son vassal ; il prit la Croix en 1146 avec
Eleonore de Guyenne son épouse, dans l'assemblée de
Vezelay, & ayant laissé la régence du Royaume à Raoul
Comte de Vermandois, & à Suger Abbé de Saint-Denis,
il passa en Orient avec une armée formidable.

Ce fut en 1149, étant à Jérusalem, que ce Roi donna
à l'Ordre du Saint-Sépulchre les Statuts dont le relevé
fait le 24 Juillet 1549 sur l'original, étant au trésor du

Saint-Sépulchre de cette ville , & collationné par Gabriel de Luetz , Chevalier Seigneur d'Aramond & de Valbreque , Ambassadeur de France à Constantinople , & le Frere Bonaventure , Gardien des Cordeliers, signé de l'un & de l'autre , scellé des armes & scel des Chevaliers de l'Ordre du Saint-Sépulchre , en cire blanche , & du scel & armes dudit sieur d'Aramond en cire rouge , est conservé à Paris dans les archives de l'Archi-Confrairie Royale du Saint-Sépulchre (1).

Par l'article premier Louis VII *déclare qu'il a déliberé de fonder en France, l'Ordre de Chevalerie dudit Saint-Sépulchre, d'ajouter au nom de Roi Très-Chrétien celui de Chef dudit Ordre, & donne des priviléges aux Chevaliers.*

Par le second , ce Roi ordonne que ceux qui voudront acquérir ledit honneur de Chevalerie , aillent recevoir ledit Ordre au Saint-Sépulchre, où ils seront croisés par lui ou son Lieutenant.

Par le troisième , le Monarque *fixe le service qui doit être fait tant dans l'Eglise du Saint-Sépulchre de Jérusalem , que dans celles que lui & les autres Rois , Princes & Seigneurs ont fait ou feront édifier au Royaume de France & autres pays.*

Le quatrième article n'a d'autre objet que d'exciter les Princes & le Clergé à faire des aumônes pour la rédemption des Chrétiens , retenus en captivité par les Iufideles.

Par le cinquième les Chevaliers de l'Ordre du Saint-Sépulchre *font expressément chargés d'aller faire le recouvre-*

____

(1) Voyez le deux cent vingt-neuvième volume de Dupuis, à la Bibliothéque du Roi. La copie collationnée par M. d'Aramond est au Saint-Sépulchre de Paris , rue Saint-Denis.

ment des prifonniers. *Ils font élus & nommés , & les voya-*
geurs en leur abfence pour faire la diftribution des rentes , re-
venus & aumônes , aux Prêtres qui feront le fervice divin en
l'Eglife du Saint-Sépulchre de Jérufalem , & des autres fon-
dations faites ou à faire ès Eglifes du Royaume de France &
ailleurs.

Cent Chevaliers doivent en vertu des difpofitions du fixième article , de deux ans en deux ans fe rendre à Jéru-falem pour comparoître en la Chambre du Confeil , & affifter le Roi ou fon Lieutenant ès affaires de la guerre.

Par le feptième , un Chevalier doit refter en Ambaffade auprès du Soudan de Babylone.

Par le huitième Louis VII *déclare qu'il entend porter chaque jour la Croix dudit Ordre fur fes vêtemens , que portient également lefdits Chevaliers & Voyageurs tant à la guerre qu'ailleurs , ès Cours & Affemblées des Princes, Grands Seigneurs & peuples Chrétiens.*

Par le 9e. , Louis VII jure , par fa foi , fur le livre des Saints Evangiles , de maintenir lefdites Ordonnances , » lef-
» quelles feront auffi gardées & foigneufement accomplies ,
» dit ce Prince , par nos Succeffeurs , Rois de France ,
» Chefs de notredit Ordre du Saint-Sépulchre , *& de cette*
» *chofe nous chargeons leur confcience de faire ainfi garder &*
» *accomplir fans faute les vœux & obligations des Chevaliers*
» *de notre Ordre & voyageurs.* » Ce Roi ajoute qu'il veut que lefdites Ordonnances foyent fidelement gardées dans le tréfor dudit Saint-Sépulchre , & que des copies feulement foient tranfportées en France & ailleurs.

Une Bulle donnée par Innocent II , en 1130, antérieure de 19 ans aux Ordonnances de Louis VII , ne permet pas de douter qu'il n'y eût alors une Confrairie unie à l'Ordre du Saint-Sépulchre. Ce Pape , par cette bulle , exhorte les Evêques & Pasteurs d'aider les freres de cet Ordre , qui ne craignent point d'exposer leur vie pour les Chrétiens , ainsi que les Chevaliers & servans , à ce spécialement députés , de leurs aumônes & d'engager le peuple confié à leurs soins, de s'unir de fraternité avec eux , *ipsorum fraternitatem assumere*. Il accorde ensuite des Indulgences à ceux qui auront fait des aumônes & *in tam sancta fraternitate se collegam statuerit eisque persolverit beneficia animi*.

Les Ordonnances de Louis VII constituent les Rois de France *Chefs de l'Ordre du Saint-Sépulchre*. Ces mêmes Ordonnances fixent la forme dans laquelle les Offices Divins doivent être célébrés dans les Eglises qui seront établies dans le Royaume, en l'honneur du Saint-Sépulchre. Les Chevaliers de l'Ordre du Saint-Sépulchre , & les voyageurs , devoient assister à ces Offices ; il étoit naturel que les Confreres de dévotion y assistassent également.

On trouve donc , dans ces Ordonnances , l'origine de l'union des trois classes qui forment aujourd'hui le corps de l'Archi-Confrairie du Saint-Sépulchre de Jérusalem.

Avant de quitter Jérusalem , Louis VII y établit un Lieutenant, une Chambre du Conseil, un Garde du trésor des Chartres , & une correspondance avec le Soudan de Babylone , pour le rachapt des captifs ; & pour faire exécuter ces mêmes Ordonnances en France , il y amena avec lui des Freres , Religieux de l'Ordre du Saint-Sépulchre , qu'il établit à Saint-Samson d'Orléans , suivant les Lettres-Patentes de leur fondation, de 1152. Il avoit amené également des Religieux de

l'Ordre

l'Ordre de Saint Lazare , qu'il plaça à Boigny près de la même Ville.

Gilbert , Garde du Saint-Sépulchre , écrivant à ce Roi , lui marquoit, *tanquam bonus patronus deffendite protegendo :* il demandoit alors au Fondateur de l'Ordre du Saint-Sépulchre en France , ce que les Supplians demandent à VOTRE MAJESTÉ, Succeffeur de ce Roi , & Chef du même Ordre.

Les infideles , menaçant de nouveau les Saints-Lieux, *Heraclée*, Patriarche de Jérufalem, vint en France en 1184 folliciter une croifade. Saladin ayant repris cette Ville en 1187 , Philippe Augufte fe croifa en 1190 & paffa à la Terre-Sainte ; ayant pris la Ville d'Acre en 1191 , une maladie l'obligea de repaffer en France. Sous le regne de ce Roi, les caufes fpirituelles & eccléfiaftiques de l'Ordre du Saint-Sépulchre, furent évoquées devant l'Abbé de Sainte-Genevieve de Paris.

Sous celui de Louis VIII , il y eût une croifade commandée par le Comte de Touloufe , qui fut compofée de Barons , de Chevaliers & de Bourgeois.

Louis IX, inftruit des divifions qui s'étoient élevées entre les Grands à la Terre-Sainte, du peu de difcipline qui régnoit dans les troupes, & des dangers que courroient en conféquence les Saints-Lieux, fit une nouvelle croifade ; mais il crût , avant de fe rendre dans la Paleftine, devoir , par de fages Ordonnances , prévenir les abus qui avoient empêché le fuccès des premieres. Après y avoir pourvu, il s'embarqua en 1246 : ne pouvant recouvrer les Saints-Lieux , il s'occupa de racheter les précieufes reliques , paffées dans différentes mains , & les rapporta avec lui en France en 1251.

C

Peu de tems après fon retour, ce Roi fit bâtir, dans fon Palais, l'Eglife nommée Sainte - Chapelle, qui en forme deux, une baffe & une haute. Ce fut dans la Chapelle haute que ces reliques furent dépofées, & il y établit des Chanoines pour y célébrer, conformément à ce qui fe pratiquoit dans l'Eglife de Jérufalem, le fervice divin.

Dans la Chapelle inférieure, il établit, en 1254, l'Archiconfrairie de Jérufalem, telle qu'elle exifte aujourd'hui.

La rue qui mene de cette Chapelle au Palais du Bailliage, Hôtel du Premier Préfident, porte encore le nom de *Jérufalem*, qu'elle ne doit qu'à cet établiffement ; les vues politiques y eurent quelque part.

Louis IX n'ignoroit pas que fi un zele pur engageoit plufieurs Chrétiens à fe vouer à la défenfe des Lieux Saints, il en étoit beaucoup que des motifs différens déterminoient à en faire le voyage ; en conféquence, il voulut que tous ceux qui défireroient acquérir l'honneur de Chevalerie dans l'Ordre du Saint-Sépulchre, ou faire, par dévotion, le voyage de la Terre-Sainte, fe fiffent enregiftrer à l'Archiconfrairie & vinffent prendre la croix dans l'Eglife baffe de la Sainte-Chapelle, & que quiconque auroit fait le voyage de Jérufalem, foit comme Chevalier, foit comme voyageur, à fon retour y fit auffi enregiftrer ou fes lettres de réception dans l'Ordre, ou celles qui lui auroient été données à Jérufalem, comme voyageur. C'eft ce qui a rendu l'Archiconfrairie Royale du Saint-Sépulchre, le point de réunion des Chevaliers, des voyageurs, & des Confreres de dévotion, état qu'elle a confervé jufqu'à ce jour.

En 1314, Louis X, dit Hutin, donna des marques de fa protection à cette Archiconfrairie.

En 1328, Philippe de Valois lui accorda des Lettres-Patentes * ; elle comptoit alors au rang de fes premiers adminiftrateurs, l'Evêque de Mende, & Louis de Bourbon, Comte de Clermont ; par ces lettres, il lui fut permis de faire bâtir l'Eglife & l'Hôpital du Saint-Sépulchre, dans la rue Saint-Denis, pour y recevoir les Pélerins qui alloient à Jérufalem. L'Eglife porte encore les preuves de fon établiffement : on voit à tous les pilliers les marques de l'Ordre, & plufieurs tombes de Chevaliers, de voyageurs, ou de Confreres, atteftent que c'étoit l'Eglife propre de l'Ordre & de l'Archiconfrairie.

En 1336, le même Philippe de Valois ayant acquis du Soudan d'Egypte le Saint-Sépulchre, y envoya des Cordeliers pour y faire le fervice divin, & donna à l'Archiconfrairie, dans la maifon de ceux de Paris, une falle pour y tenir fes affemblées. L'Archiconfrairie en eft encore en poffeffion.

En 1355, le Roi Jean accorda pareillement des Lettres-Patentes à ladite Archiconfrairie, par lefquelles il la prit fous fa protection fpéciale.

Charles V & Charles VI, par des Lettres-Patentes de Mai 1365 & Août 1381, ont ratifiés celles du Roi Jean.

La perte de la Terre-Sainte ayant divifé les Ordres Religieux Militaires Hofpitaliers que fa conquête avoit fait naître, & que fa confervation avoit maintenu, ils perdirent de leur confiftence en perdant le point de leur réunion ; ils fe trou-

---

* *Ad noftrum fit perlatum auditum multos forè Parifiis Cruce fignatos optantes votum ultra mare paffagii per eos emiffum utiliter adimplere & ad id confultius agendum..... Confratriam defiderant habere inter ipfos.*

Lettres-Patentes de Philippe de Valois du 6 Janvier 1328.

verent réduits à exercer l'hofpitalité dans les Royaumes où ils avoient obtenus des maifons ; mais l'on vit toujours des Chevaliers, & voyageurs du Saint-Sépulchre, nobles & Bourgeois, que la dévotion portoit à ce pélerinage. Ces Pélerinages ont confervé à l'Archiconfrairie l'avantage de fe maintenir dans fon intégrité, & Dubreuil donne l'extrait de la bulle du Pape Eugene IV, de l'an 1435, qui contient l'homologation des ftatuts dreffés pour cette Archiconfrairie, de l'avis du Gardien des Cordeliers, avec la licence de Jacques du Châtelier, Evêque de Paris.

» C'eft de toute ancienneté, dit cet Auteur, que ceux
» qui fe veulent acheminer à la Terre-Sainte, fe trouvent
» les Dimanches aux Cordeliers à la Meffe de Jérufalem,
» à l'iffue de laquelle ils font inftruits de leur voyage par
» les Voyageurs & Gouverneurs de la Confrairie, ils font
» enregiftrés dans le livre d'icelle, & avertis de la route
» qu'ils doivent prendre par Venife ou Marfeille, & des
» deniers qu'il leur convient avoir pour faire le voyage,
» ce qu'ayant fait, & montré la permiffion & congé de
» leur Evêque & Curé, portant atteftation de leur pru-
» d'homie & religion, lefdits Maîtres & Gouverneurs de
» ladite Confrairie leur baillent des lettres en parchemin,*
» fignées defdits Maîtres & fcellées du fceau de ladite
» Confrairie, qui font les armes de Jérufalem, adreffantes
» au Pere Gardien & Religieux du Mont de Sion, &
» Gardes du Saint-Sépulchre de Jérufalem ; à l'entour du
» fceau font gravés ces mots : *Sigillum Societatis Sancti-*
» *Sepulchri Domini Parifiis inftitutæ.* Lefdits Gardiens &

(*) Ces Lettres font intitulées ainfi : *Venerabilis Societas militum & peregrinorum Terræ-Sanctæ, Sancti-Sepulchri Domini Parifiis inftitutæ.*

» Religieux de Jérusalem renvoyent attestations aux Maî-
» tres & Gouverneurs de ladite Confrairie à Paris , de la
» venue des Pelerins auxquels ils ont délivré leurs Lettres
» au partir de Paris , & comme ils ont visité les lieux de
» dévotion de la Terre-Sainte, & aux Chevaliers, ils dé-
» livrent séparement les Lettres de Chevalerie par eux
» reçues au Saint Sépulchre de Jérusalem, lesquelles Lettres
» tant desdits Chevaliers, que Voyageurs , font par les-
» dits Maîtres & Gouverneurs de ladite Confrairie , enre-
» gistrées au gros Livre d'icelle , à ce que personne de
» quelque qualité qu'elle soit , ne s'attribue le titre de
» Voyageur ou de Chevalier sans preuve certaine, & assu-
» rée du voyage » .

Cet usage a été constamment suivi jusqu'au premier
Avril de la présente année, que le sieur de Boisroger reçu
à Jérusalem Chevalier du Saint Sépulchre, a fait enregistrer
ses Lettres de Chevalerie , & a été reçu à l'Archi - Confrairie.

L'exposé de Dubreuil prouve clairement que l'Ordre
de la Chevalerie du Saint - Sépulchre & l'Archiconfrairie ,
font deux choses distinctes & séparées ; mais il prouve en
même tems que cet Ordre est dans la Confrairie , & que
l'un & l'autre font inhérens. C'est de-là que l'Archiconfrairie dans tous les actes qu'elle a été dans le cas de passer ,
a toujours pris les qualifications d'*Archi-Confrairie Royale
des Chevaliers , Voyageurs & Confreres de devotion du
Saint-Sepulchre.*

C'est sous ce titre que l'Archiconfrairie a toujours esté
dans tous les Tribunaux supérieurs & inférieurs. Il s'étoit
élevé des contestations entre les Chanoines du Saint - Sé-

pulchre & les Maîtres & Gouverneurs de la Confrairie ;
elles furent jugées en 1536, par le Parlement. L'Arrêt
donne aux Préposés de l'Archiconfrairie, la qualité de
Maîtres & Gouverneurs du Saint Sépulchre de Paris. Un
Arrêt antérieur rendu en 1504, d'autres du 8 Août 1549,
& 28 Juin 1571, contiennent la preuve la plus complette
que l'Archiconfrairie du Saint Sépulchre a été constamment
reconnue & maintenue dans le droit de prendre les mêmes
qualifications qu'elle prend encore aujourd'hui.

En 1550, l'Eglise des Cordeliers ayant été incendiée,
le coffre qui renfermoit les titres précieux communs à
l'Ordre de Chevalerie & à l'Archiconfrairie, le fut également. Ce malheur met les Supplians dans l'impossibilité de
justifier par un plus grand nombre de titres, une foule de
faits qu'ils rapporteroient pour démontrer les prérogatives
de l'Archiconfrairie, mais il lui en reste encore assez pour
prouver que cette privation n'a point alteré son état.

Ce qui démontre positivement l'union intime des Chevaliers & voyageurs, avec les Confreres de dévotion du Saint-
Sépulchre, c'est la transaction passée entr'eux le 9 Janvier
1622, & déposée chez Gerbault, Notaire au Châtelet de
Paris, le 13 Février suivant. On voit, par cet acte, que
les Chevaliers & voyageurs qui s'étoient ci-devant, séparés
d'avec lesdits Confreres *, s'unissent de nouveau avec eux,

---

* Cette séparation ne dura que deux ans. Elle se fit à l'occasion du
Livre qu'André Favin, Avocat au Parlement, l'un des Administra-
teurs de l'Archi-Confrairie, avoit composé en 1620, sur l'Ordre du
Saint Sépulchre. Il prétendoit que cet Ordre n'avoit été établi qu'en
1496 par Alexandre VI, & qu'on n'y recevoit que des Roturiers:
tous les Auteurs qui ont écrit depuis Favin, ont copié ces faussetés
d'après lui.

aux conditions que, pour l'élection des Maîtres, les anciens Confreres qui l'auront été, feront appellés, ainfi que les Chevaliers, & voyageurs, lefquels éliront 1°. deux Chevaliers voyageurs, & après deux Confreres de dévotion, & à la fin de chaque année un voyageur & un Confrere, pour remplacer les deux Maîtres fortans, que les Chevaliers, & voyageurs feront enregiftrer leurs lettres à l'Archiconfrairie comme par le paffé ; que les comptes feront rendus en préfence des Chevaliers, voyageurs & les anciens Maîtres, Confreres de dévotion ; que les Chevaliers, & voyageurs auront la préféance dans les cérémonies fur les Confreres de dévotion ; finalement, que lefdits *Chevaliers, & voyageurs feront telle pourfuite que bon leur femblera, pour le rétabliffement & entretenement de l'Hôpital du Saint - Sépulchre, rue Saint-Denis, pour y recevoir & héberger les Pelerins allant & venant de Jérufalem.*

En 1670 il s'éleve une nouvelle conteftation entre les Chevaliers, voyageurs, & Confreres de dévotion : elle eft terminée par une fentence de l'Officialité, qui ordonne que ceux defdits Chevaliers, & voyageurs qui auront fait la charge de Maîtres pourront être élus de nouveau, pourvu qu'il y ait au moins quatre ans qu'ils foient fortis de charge, & qu'on ne pourra élire aucuns Chevaliers qui ne foient demeurans à Paris.

Les diftinctions qui ont été accordées dans tous les tems, à l'Archiconfrairie, font confignées dans les extraits des bulles d'Eugene IV, d'Urbain IV, d'Honorius II, d'Alexandre IV, d'Honorius III, d'Innocent II, Celeftin II, Lucius II, d'Eugene III, de Céleftin V, de Benoît XIII, de Jean XXII , de Martin V , & d'Eugene IV , que l'on vient de donner dans le recueil des ftatuts. Mais , ce qui la caraĉtérife le plus , c'eft la proteĉtion particuliere dont nos Rois l'ont toujours honorée. Les aĉtes en font confignés dans les regiftres de l'Archiconfrairie. Henri IV, Louis XIV, Louis XV , & Votre Majesté Elle même , depuis fon avénement au Trône , l'ont prife fous leur proteĉtion fpéciale.

Cette proteĉtion , Sire , eft encore l'effet & l'exécution des Ordonnances de Louis VII de 1149 , qui, par l'article IX., s'exprime ainfi : *Lefquelles feront auffi gardées par nos Succeffeurs , Rois de France , & Chefs de notredit Ordre du Saint-Sépulchre, & de cette chofe nous chargeons leur confcience de faire ainfi garder & accomplir fans faute les vœux & obligations des Chevaliers de notredit Ordre & voyageurs dudit Jérufalem.*

C'eft en exécution des difpofitions de cette Ordonnance, que depuis Louis IX, les enfans mâles de nos Rois font enregiftrés à leur naiffance dans l'Archiconfrairie Royale de Jérufalem , & qu'à l'inftant où ils paffent aux hommes , on leur repréfente ces regiftres pour leur faire ratifier leur réception. Les Reines, les Princeffes du fang royal , les Princes du fang fe font toujours également fait recevoir dans la même Archiconfrairie , & plufieurs Princes n'ont pas dédaigné de fe mettre à la tête de fon adminiftration (*).

Cette Archiconfrairie conferve avec la plus vive & la plus refpeĉtueufe reconnoiffance , dans fes regiftres, la preuve

____

(*) Feu M. le Duc de Bourbon, premier Miniftre, en étoit Grand Adminiftrateur en 1738.

des

des bienfaits qu'elle a reçu d'Henri IV particulierement, & de l'honneur qu'il a bien voulu lui faire.

En 1594 ce Prince fit don au Roi d'Armes de l'Archi-Confrairie, de la tunique de velours cramoisi parsemée de fleurs de lys d'or, qu'il avoit porté le jour de son sacre à Chartres ; en 1609 ce Prince assista à la procession que l'Archi-Confrairie fait chaque année le Dimanche de Quasimodo, & rendit personnellement le pain beni à la Chapelle aux Cordeliers.

En 1610, au mois d'Avril, Marie de Médicis le rendit aussi personnellement.

Le 16 Mai 1700 le R. P. Freffant, Gardien des Cordeliers, » ayant assemblé (porte l'acte inscrit sur les regiftres) » les Chevaliers, Voyageurs & Confreres, en préfence du » fieur Veneroni, Syndic, & les autres Adminiftrateurs, leur » dit que M. d'Argenfon l'avoit chargé, ainfi que le Syndic, » de faire favoir en l'affemblée de ladite Archi-Confrairie que » Sa Majefté Très-Chrétienne étant informée du zele & de la » dévotion exemplaire de ladite Archi-Confrairie, *qui, autre-* » *fois n'étoit adminiftrée que par des Princes, des Gentils-* » *hommes, des Nobles, & notables Bourgeois,* étant depuis » quelque tems diminuée confidérablement, & que commen-» çant à reprendre fon premier luftre, Sa Majesté, à l'imi-» tation de fes ancêtres, la prenoit fous fa protection, *& defi-* » *roit qu'on n'y reçut à l'avenir que des perfonnes de confidéra-* » *tion, de notables Bourgeois & de probité ; point de mercenaires,* » *garçons de boutique, gens de livrée, ni métiers ravalés.* Par » ce même acte, Sa Majesté ordonne à M. d'Argenfon de » nommer deux Commiffaires pour recevoir les plaintes contre » ceux qui oferontmal parler des chofes faintes, & lui en » rendre compte.

D

Le 12 Août 1721 , les Adminiſtrateurs de l'Archi-Confrairie s'étant rendus au Louvre pour féliciter le Roi Votre Ayeul ſur le rétabliſſement de ſa ſanté , furent préſentés par M. le Duc de Villeroy à Sa Majeſté , qui tenant la main ſur les Regiſtres , déclara qu'elle la prenoit ſous ſa protection.

Enfin , SIRE , c'eſt le 31 Janvier 1775 , que les Adminiſtrateurs & autres Officiers de cette Archi-Confrairie , députés par le Corps , ont eu l'honneur de ſupplier VOTRE MAJESTÉ de leur accorder la même protection que ſes prédéceſſeurs , & VOTRE MAJESTÉ leur a fait cette grace en ſignant l'acte de protection inſcrit au fol. 62 du même regiſtre , qui contient au fol. 43 celui de la réception de VOTRE MAJESTÉ dans ladite Confrairie , du premier Février 1755 , ratifiée par VOTRE MAJESTÉ Elle-même le premier Février 1762.

Ce monument de la piété de VOTRE MAJESTE' a ranimé le zèle de tous les citoyens, la Nobleſſe , la Magiſtrature , la Bourgeoiſie la plus notable, ſe ſont empreſſés de ſe faire inſcrire au rang des Confreres ; mais que l'on ne s'y trompe pas, cet enregiſtrement , cette réception ne confond ni les rangs ni les états. Chacun y conſerve le ſien , & l'on voit dans le mélange, un ordre qui porte en lui même la diſtinction qui a exiſté & doit exiſter dans l'Ordre de la Chevalerie. Les Nobles , les Magiſtrats ne dédaignent point de recevoir ceux à qui la naiſſance ne permet pas d'aſpirer à la Chevalerie , mais qui par leurs talens peuvent être utiles au Corps , & de les admettre avec eux comme les Chevaliers admettoient des Freres Servans , qui jouiſſoient des mêmes honneurs , avec une foible diſtinction.

Tel eſt l'ordre, Sire, qui s'obſerve dans cette Archi-Confrairie, dont le régime eſt fixé par des ſtatuts homologués par une Bulle de Benoît XIII du 12 Mars 1726, & que l'Archi-Confrairie a acceptée par délibération ſignée des Princes de Conti, de Ligne, & nombre de Gentilshommes.

Ces ſtatuts, Sire, preſcrivent de faire l'Office Divin, conformément aux Ordonnances de Louis VII, & des œuvres de charité que l'on exécute avec la plus grande exactitude. Les Supplians peuvent affirmer à Votre Majeste' que l'Archi-Confrairie accomplit tous les devoirs impoſés à la Chevalerie.

Elle a des Officiers prépoſés pour viſiter les malades, & leur donner les ſecours néceſſaires, qui leur ſont toujours diſtribués avec le plus grand ſecret.

Ne pouvant point délivrer des Chrétiens captifs chez les barbares, elle délivre pendant le courant de l'année, autant de priſonniers qu'il s'en préſente.

Tel eſt l'uſage qu'elle fait des offrandes & aumônes qu'elle reçoit, & c'eſt cette Confrairie, Sire, que l'on veut porter Votre Majeste' à dépouiller de ſes prérogatives ! Non, Sire, les Supplians ne craignent point ce malheur ſous votre regne ; votre piété, votre juſtice les raſſurent, auſſi ils s'écrient avec confiance, ainſi que le Gardien Gilbert, *tanquam bonus patronus deffendite protegendo.*

Après avoir mis ſous les yeux de Votre Majeste' l'origine de l'Archi-Confrairie Royale du Saint-Sépulchre de Jéruſalem, les monumens qui l'ont perpétuée juſqu'a ce jour dans le même état & la même exiſtence qu'elle a eu

D ij

dès fa naiffance , il ne refte plus qu'à expofer à Votre Majeste' les moyens qui doivent la déterminer à conferver aux Membres de cette Archi-Confrairie les prérogatives & priviléges dont ils ont toujours joui.

MOYENS.

Qualification de Chevaliers, Voyageurs & Confreres de dévotion du Saint-Sépulchre de Jérufalem.

Il eft de l'ordre commun que tout corps formé de différentes claffes , énonce dans les actes dans lefquels il ftipule , la qualification qui diftingue les Membres de chaque claffe qui en compofent l'enfemble. L'Archi-Confrairie n'a fait que fe conformer à l'ordre commun , en prenant dans les actes & dans fes délibérations les qualifications *d'Archi-Confrairie Royale des Chevaliers, Voyageurs & Confreres de dévotion du Saint-Sépulchre de Jérufalem* ; nous ne pouvons nous difpenfer de reprendre ici les Ordonnances de Louis VII de 1149.

Oppofera-t-on aux Suppliants qu'ils n'en repréfentent qu'une copie collationnée , qu'elle ne mérite aucune foi ? Ils puiferont leur réponfe dans ces Ordonnances mêmes. Le Roi , dont elles émanent , a voulu qu'elles reftaffent dépofées au Tréfor du Saint Sépulchre ; qu'il ne put en être envoyées que des copies en France & ailleurs : les Suppliants font donc dans l'impoffibilité de les rapporter en original ; mais par qui la copie que l'en repréfente a-t-elle été collationnée ? Par deux perfonnes publiques , par un Ambaffadeur de Votre Majeste' à Conftantinople , & le Gardien du Saint-Sépulchre. Les fceaux appofés à cette copie, font les garants de fon autenticité & de la foi qu'on doit y ajouter. D'un autre côté, l'exécution de ces Ordonnances en France ajoute une preuve indélébile.

Par ces Ordonnances Louis VII déclare qu'il veut fonder l'Ordre Militaire & Hofpitalier du Saint-Sépulchre en France, y établir des Eglifes où le Service Divin foit fait comme dans celle de Jérufalem*; en conféquence ce Roi a établi des Freres de cet Ordre à Saint-Samfon d'Orléans. Il a été établi fous fes fucceffeurs, qu'il a conftitué Chefs dudit Ordre d'autres Eglifes & Hôpitaux, comme le Saint-Sépulchre de la rue S. Denis, & l'Eglife de Belle-Chaffe. Il en a été de même établi dans différentes Provinces de France, & plufieurs terres font encore appellées dans d'autres Royaumes, *le Domaine du Saint-Sépulchre.*

L'Ordre du Saint-Sépulchre établi par Godefroy de Bouillon éxiftoit avant ces Ordonnances, mais il n'éxiftoit qu'à Jérufalem. Il éxiftoit pareillement une Confrairie qui étoit attachée à cet Ordre; la Bulle d'Innocent II de 1130 en donne la preuve la plus convaincante. Elle eft adreffée à tous les Archevêques, Evêques, Abbés, Prieurs, & à toutes les Eglifes de la Chrétienté. Que leur dit ce Pape : *Caritatem veftram.... exhortamur in Domino quatenus de veftra abundantia corum inopiam suppleatis & populum vobis commiffum ipforum fraternitatem affumere & ad pauperum & peregrinorum fuftentationem collecta facere in remiffionem peccatorum fuorum frequentibus exhortationibus moneatis.*

---

* Le jour de Quafimodo on célèbre aux Cordeliers une Grand'Meffe en langue Grecque, & on y fait un Sermon en la même langue comme à Jérufalem, ainfi qu'il eft preferit par les Statuts de Louis VII.

Le but de Louis VII n'a donc pu être que d'établir l'Ordre du Saint-Sépulchre en France, & par conséquent la Confrairie qui y étoit attachée. Son deſſein, quant à l'Archi Confrairie n'a été rempli que par Saint-Louis. C'eſt en faiſant ériger la Sainte-Chapelle de Paris pour être le dépôt des Reliques qu'il avoit rapportées de l'Orient, qu'il a conformément établi l'Ordre & la Confrairie du Saint-Sépulchre dans la Chapelle inférieure qu'il a fait conſtruire en même-tems. Cette Egliſe, en France, eſt devenue le point de réunion des Chevaliers, des Voyageurs, & des Confreres de dévotion du Saint-Sépulchre.

Les vues d'ordre public marchent ſouvent d'un même pas avec celles de la Religion. Les Croiſades avoient donné lieu à des déſordres, il étoit de la piété de ce Roi de les arrêter ; il ſe ſervit de ce Corps ainſi formé pour connoître ceux qui paſſeroient dans la Terre-Sainte, ſoit pour y prendre l'Ordre de Chevalerie, comme l'avoit ordonné Louis VII, ſoit pour la viſiter ſeulement ; il voulut que quiconque en formeroit le projet, ſe fit inſcrire à l'Archi-Confrairie, c'eſt-là où l'on devoit prendre d'abord la Croix. C'étoit une premiere réception qui n'étoit pas purement de forme, mais qui étoit indiſpenſable pour parvenir à l'autre. (1)

La piété avoit uni l'Archi-Confrairie du Saint-Sépulchre à l'Ordre de Chevalerie du même nom ; l'ordre

---

(1) Ces Ordonnances ont été renouvellées par ſes Succeſſeurs, & les Chevaliers, ainſi que les Voyageurs, ont été aſtraints à prendre avant leur départ, des Lettres des Maîtres de l'Archi-Confrairie, & d'y faire à leur retour enregiſtrer leurs Lettres,

public a cimenté cette union qui a duré jufqu'à ce jour ;
& quel bien n'en réfulte-t-il pas ?

L'Ordre par fon union intime avec l'Archi-Confrairie,
remplit toutes les obligations de fon inftitution. Il vifite
les malades tant de fon Corps qu'étrangers. Il fubvient à
leurs befoins, les exhorte à s'acquiter du devoir des Chrétiens dans les dangers.

Il ne peut délivrer fes Freres captifs chez les barbares,
il rompt les fers des infortunés dont la mifere occafionne
la captivité ; il delivre pendant toute l'année des prifonniers ;
fes Officiers vifitent à cet effet les prifons. On voit annuel-
lement à la Proceffion du Dimanche de Quafimodo les prifonniers qu'on a délivré dans l'année, & s'il en eft quelqu'un
qui ne puiffe par état y paroître, il en eft difpenfé. En
1776, on y en comptoit quarante-fix.

D'après l'inftitution de cette Archi-Confrairie, les Chevaliers du Saint-Sépulchre en formant la premiere Claffe,
les Voyageurs la feconde, & les Confreres de dévotion la
troifième, il eft de l'ordre commun que cette Archi-Confrairie prenne dans tous les Actes les qualifications qu'on
voudroit lui faire interdire, & qu'elle s'intitule par-tout,
l'Archi-Confraire Royale des Chevaliers, Voyageurs &
Confreres de dévotion du Saint-Sépulchre.

Les motifs qui ont déterminé, VOTRE MAJESTE' à
donner des ordres contraires à ce que l'Archi-Confrairie
Royale a toujours pratiqué fous les yeux & de l'agrément
même des Rois vos prédéceffeurs, font impénétrables pour
les fupplians. Quelqu'ils puiffent être ces motifs, ils les
refpectent & ne cherchent pas à les approfondir : VOTRE
MAJESTE' ayant manifefté fa volonté, le devoir ne laiffoit

aux fupplians d'autre parti que celui de l'obeiffance & de la foumiffion.

Mais en même tems que les Supplians ont donné à Votre Majesté cette premiere preuve de leurs fentimens, pour fa perfonne facrée, ils ont penfé, Sire, que la juftice même de Votre Majesté pourroit être bleffée, s'ils avoient affez d'indifférence pour lui diffimuler la furprife qui a pu être faite à fa Religion & trahir les intérêts d'un Corps qui ne doit fon exiftence & fes prérogatives qu'à la piété, & aux engagements des Rois vos Ancêtres.

En effet, Sire, fi Votre Majeste' eut été informée que Louis VII s'étoit engagé par un ferment folemnel à fonder l'Ordre du Saint-Sépulchre en France & par conféquent la Confrairie qui en dépend; que ce Roi accomplit la premiere partie de fon vœu en établiffant des frères de cet Ordre à Saint-Samfon d'Orléans; que Saint-Louis fon arriere petit fils, pour remplir l'autre partie de ce vœu, fonda l'Archi-Confrairie Royale dans la Chapelle baffe de fon Palais; que ce Corps fut au moment même de fon inftitution, la fociété commune des Chevaliers, des Voyageurs, & des Croifés ou Confreres de dévotion du Saint-Sépulchre; que ces trois claffes de l'agrément de Philippe de Valois, fonderent l'Eglife & l'Hôpital du Saint-Sépulchre pour y recevoir les Pelerins qui alloient à Jérufalem; que ce Corps déja établi par le concours des deux Puiffances fut encore confirmé de nouveau par Lettres-Patentes des Rois Jean, Charles V & Charles VI, qu'il a efté dans tous les Tribunaux fous la qualification d'*Archi-Confrairie Royale des Chevaliers, Voyageurs & Confieres de dévotion du Saint-Sépulchre de Jérufalem*; que les actes de

protection

protection des Rois Louis X I V Louis X V & de Votre Majesté Elle-même ne lui sont accordés sous cette qualification que parce que dans le fait il est composé des trois classes que cette qualification annonce : si, disons nous Votre Majesté eût été informée de toutes ces circonstances, sans doute qu'il en eut coûté à son cœur de donner des ordres destructifs d'un Corps ainsi formé, d'un Corps qu'elle n'a pris sous sa protection à l'imitation des Rois ses prédécesseurs, que pour le défendre & le perpétuer.

D'un autre côté, Sire, si l'on avoit ôté dire à Votre Majesté, que l'Ordre du Saint-Sépulchre n'existe plus & qu'il a été supprimé, on auroit également induit Votre Majesté en erreur, parce que c'est une vérité constante que cet Ordre existe encore & qu'il est sous la protection immédiate de Votre Majesté, qui s'en trouve constituée Souverain Chef & protecteur par les Ordonnances de Louis VII.

Il est vrai, Sire, qu'en 1489 le Pape Innocent VIII. supprima cet ordre, ainsi que celui de Saint-Lazare & les unit l'un & l'autre à celui de Saint-Jean de Jérusalem, comme ayant la même origine & la même constitution. Mais l'Ordre de Saint-Jean ayant eu occasion de se servir de cette Bulle en 1546, le Procureur Général du Parlement de Paris, toujours attentif à la conservation des droits de votre Couronne, se porta Appellant comme d'abus de cette Bulle, & elle fut déclarée abusive & contraire aux maximes de ce Royaume, avec défense de la mettre à exécution par Arrêt du 16 Février 1547.

L'irrégularité de cette Bulle n'a point échappé au Saint-Siége. Alexandre VI, successeur d'Innocent VIII, per-

E

mit en 1496, au Prélat Gardien du Saint-Sépulchre de Jérusalem, Commissaire Apostolique en la Terre Sainte, de recevoir Chevaliers du Saint-Sépulchre les Nobles qui iroient visiter les Saints lieux ; ces pouvoirs furent confirmés par Léon X & les Pontifes ses successeurs jusqu'à Bénoît XIII. de maniere que ce Prélat qui n'est établi à Jérusalem que sous l'autorité & au nom de Votre Majesté, a toujours continué à jouir de ce droit jusqu'à ce jour, & que l'Archi-Confrairie elle-même est en état de prouver par ses Registres, que depuis 1500 jusqu'au premier Avril de la présente année, elle a toujours reçu parmi elle & regiftré les lettres des Chevaliers du Saint-Sépulchre, qui se sont présentés pour être admis dans son sein.

Il ne faut pas croire, Sire, que la permission accordée par Aléxandre VI, fut un droit nouveau, une création nouvelle. Lorsqu'en 1336, le Soudan de Babilone eut fait don à Philippe de Valois de l'Eglise du Saint-Sépulchre, qui fait encore aujourd'hui partie du Domaine de Votre Majesté & dont les Empereurs Turcs par les Traités passés avec votre Cour en 1511, 1604, 1621, 1673 & 1740, ne se sont reservés que la protection, le Gardien du Saint-Sépulchre comme exerçant les droits du Patriarchat de Jérusalem conféroit déja l'Ordre du Saint-Sépulchre, ainsi qu'on l'apprend par les Historiens contemporains. Il y avoit même alors un Chevalier du Saint-Sépulchre entretenu, à Jérusalem aux dépens des Rois vos prédécesseurs, lequel représentoit le Lieutenant dont il est parlé dans les Ordonnances de Louis VII, & donnoit l'accolade aux Chevaliers que l'on recevoit, usage qui a subsisté jusqu'au régne de François premier.

C'étoit donc toujours, avant la Bulle d'Innocent VIII, & postérieurement à cette Bulle, sous la protection & de l'autorité des Rois de France, que l'Ordre du Saint Sepulchre se conferoit à Jérusalem par le représentant les Patriarches, comme il se confére encore aujourd'hui : Alors cet ordre existant toujours & VOTRE MAJESTE', n'ayant point cessé d'en être Souverain Chef & protecteur dans son Royaume, l'Archi-Confrairie Royale n'a pu se dispenser de reconnoitre pour Chevaliers du Saint-Sepulchre, ceux qui ont été reçu tels à Jérusalem ; elle le pourroit d'autant moins, que le Saint-Sépulchre étant toujours dans la main de VOTRE MAJESTÉ & aucune Nation ne pouvant être admise à la visite des Saints lieux que sous le nom de *Francs* & sous la protection de VOTRE MAJESTE', il est du devoir de l'Archi-Confrairie, de se conformer à ce qui est prescrit par les Ordonnances & Réglemens, en donnant des lettres à ceux qui veulent aller à la Terre Sainte, après qu'ils en ont obtenu la permission de VOTRE MAJESTÉ, & en enregistrant celles qu'ils en rapportent.

Enfin, SIRE, un dernier trait qui prouve l'existance réelle de l'Ordre du Saint-Sépulchre dans votre Royaume, c'est l'Edit de Louis XIV, du mois de Mars 1693. Ce Monarque déclare par cette loi, *que ne pouvant regarder cet Ordre comme entierement éteint, il feroit juste de lui rendre ses biens & revenus, sauf à pourvoir à sa réformation* : & par les Lettres-Patentes du 15 Avril de la même année, ce Prince a crée une commission pour cet objet, laquelle subsiste encore aujourd'hui.

C'est donc faute de connoître l'Histoire de cet Ordre & celle de l'Archi-Confrairie Royale, qu'on a surpris la

Religion des Miniſtres de VOTRE MAJESTÉ ; c'eſt ſur des expoſés contraires à ce qui eſt contenu dans des actes authentiques, dans les Edits des prédéceſſeurs de VOTRE MAJESTÉ, qu'on a pu dire que l'Ordre du Saint-Sépulchre qui eſt en quelque ſorte incorporé dans l'Archi-Confrairie Royale n'exiſtoit point : ſon origine commune avec tous les autres Ordres de l'Orient, a pu le faire confondre avec quelques uns d'entre eux, & peut-être que la confiance que les membres de l'Ordre de Saint-Jean, ont dans la Bulle d'Innocent V I I I, qui a été déclarée abuſive dans votre Royaume, a pu faire croire à quelques uns de ces Membres qu'il n'y avoit point d'Ordre du Saint-Sépulchre de Jéruſalem.

Mäis l'Ordre de Saint Jean, reſpectable à tant de titres, par les Membres qui le compoſent & par les richeſſes qu'il poſſéde dans votre Royaume, eſt ici ſans intérêt. L'Ordre du Saint-Sépulchre ne lui redemande rien, ne lui diſpute rien ; quels ſeroient donc les motifs qui provoqueroient ſon inquiétude ? le régime de l'Ordre de Saint-Jean, ſon adminiſtration intérieure ont des principes ſi différens de ceux qui doivent-être pratiqués dans l'Ordre du Saint-Sépulchre, ſi VOTRE MAJESTE' juge à propos de faire proceder à ſa réformation conformément à l'Edit de 1693, qu'il n'y aura jamais d'intérêts contraires à diſcuter entre eux, & que l'Ordre de Malthe, malgré le rétabliſſement de celui du Saint-Sépulchre, ne ſera pas moins ce qu'il a été juſqu'ici, un Ordre illuſtre à raiſon de ſes Membres, de ſes actions héroïques & de ſes prérogatives.

Les ſuppliants ayant établi que l'Ordre du Saint-Sépulchre exifte & que fes Chevaliers forment la premiere claffe de l'Archi-Confrairie Royale, les Voyageurs de la Terre-Sainte perpétués jufqu'à ce jour la feconde, & les Confreres de dévotion la troifieme, ils fe flattent que Votre Majeste' voudra bien conferver à ce Corps véritablement utile pour le foulagement des malheureux, la qualification fous laquelle il a efté dans tous les Tribunaux jufqu'à ce jour, qualification que Votre Majf te' lui a accordée expreffément par un acte folemnel, qui n'eft que la confirmation des prérogatives qui lui avoient été concedées par les Rois vos prédéceffeurs.

PORT DÈ LA CROIX.

C'eft des Croifades que l'ufage de porter les différentes efpeces de Croix fur les habits, prend fon origine.

Les armes des Rois de Jérufalem étant la Croix *Potencée* accompagnée de quatre Croifettes, elles font devenues l'étendard de ce Royaume &.le figne commun de tous les fideles qui fe vouoient à fa défenfe ou à fa conquête; les Voyageurs de la Terre Sainte portent même encore cette Croix fur leurs vétemens pendant leur pelerinage.

Lorfque les différens Ordres Hofpitaliers & Militaires prirent naiffance en France, ils arborerent chacun une Croix particuliere. Celle du Saint-Sépulchre fut la Croix double Patriarchale, accompagnée des lettres Grecs *Alpha* & *Omega* fufpendue à un ruban noir; dans d'autres membres dépendans de cet Ordre, ce fut la Croix double accompagnée d'un Soleil & d'un Croiffant comme l'Eglife d'Acre & l'Ordre de Saint Jacques en Efpagne.

Mais ce qui diftingua encore plus particulierement ces différens Ordres Hofpitaliers - Militaires , ce fut la Croix brodée qu'ils porterent fur leurs vêtemens ; l'Ordre du Saint-Sépulchre la porta *rouge* , celui de Saint-Jean , la porta *blanche* , Saint-Lazare *verte* , & les Teutons *noire* , de maniere que malgré la fimilitude du ruban entre l'Ordre du Saint-Sépulchre, celui de Saint-Jean & l'Ordre Teutonique il étoit impoffible de s'y méprendre.

Les Confreres de ces Ordres , les donnés , ferviteurs commençaux ou quêteurs ne portoient qu'un fragment de la Croix patée ou à huit pointes, que portoient les Chevaliers, comme le T , ou les trois Croifillons, fçavoir les deux lateraux & l'inférieur.

Mais l'Archi-Confrairie Royale par attachement à fes anciens ufages, à fon inftitution , continua de porter la Croix de Jérufalem , c'eft-à dire la Croix potencée, fufpendue à un ruban noir, pour marquer fon affociation & fa fraternité avec l'Ordre du Saint-Sépulchre.

L'Archi-Confrairie porte de toute antiquité pour fes armes, celles du Royaume de Jérufalem unies avec les fymboles & les attributs du Saint-Sépulchre ; à raifon de fon union avec cet Ordre, elle conferve au nombre de fes Officiers un Hérault Roi d'armes qui porte dans fes mains une efpece de fceptre que l'on nomme *le Bâton de Saint-Louis* , parce qu'il lui fut donné par ce pieux Fondateur. C'eft à ce Roi d'Armes qu'Henri IV fit préfent de la Tunique de velours parfemée de fleurs de lys d'or , qu'il avoit porté le jour de fon facre.

Cette Archi-Confrairie n'eft donc pas une affociation ordinaire , fa maniere d'exifter , fes prérogatives , fes privileges, tout démontre un Corps particulier, qui étant l'ouvrage des prédécesseurs de Votre Majesté en a toujours été favorisé ; c'étoit dans l'origine un Corps de Croisés destiné à la guerre de la Terre Sainte ; dans l'état actuel il est encore le même : cette vérité résulte du serment que la tradition a transmis de siecle en siecle aux Supplians. On leur fait promettre lors de leur réception, de vivre & mourir dans la Religion Catholique, Apostolique & Romaine, d'être fidele à Votre Majesté', de passer en la Terre Sainte & d'y servir en personne si Votre Majesté' l'ordonne, de contribuer suivant leurs facultés, au soulagement des malades & à la délivrance des prisonniers : voilà les obligations sous lesquelles chaque citoyen est admis. Or si d'après cette formule de Serment, on ne peut disconvenir que les membres de l'Archi-Confrairie ne soient encore ce qu'ils ont été lors de leur institution, n'est-il pas de leur état de porter la Croix, puisqu'elle est le signe caractéristique de l'une des obligations de leur association?

La forme de cette Croix a été reglée definitivement en 1766, l'original de son dessin se trouve déposé au Bureau du département du Ministre de Paris, & dans ceux du sieur Lieutenant Général de Police de cette ville ; le double du même dessin a été inséré dans les registres de l'Archi-Confrairie.

C'est une Croix potencée au centre de laquelle est un médaillon contenant les cinq Croix de Jérusalem ; son revers devroit être les armes de France, & cette disposition seroit conforme à l'art. 9 des statuts de Louis VII. Aux quatre Croisettes que contenoit autrefois cette Croix, le Roi votre ayeul voulut bien permettre qu'on y substitua quatre fleurs de lys.

Toutes les Confrairies compofées de perfonnes nobles & de notables Bourgeois jouiffent dans le Royaume d'une diftinction finguliere & quelques-unes ont le privilege de porter publiquement & dans tous les tems les marques de leur affociation ; telle eft la Confrairie de Saint-Georges dans le Comté de Bourgogne, dont l'origine remonte à la même époque que l'Archi-Confrairie du Saint-Sépulchre ; telles font les autres Confrairies du Royaume moins célebres, celle de Saint - Hubert & celle de Saint - Nicolas, &c.

La même faveur a toujours appartenue à l'Archi-Confrairie Royale ; dans tous les tems fes différens membres foit Chevaliers, Voyageurs ou Confreres de dévotion ont toujours porté, ont toujours accolé les marques de l'Archi-Confrairie, telles qu'on les voit dans les monumens de la Monarchie Françoife recueillis par le pere Montfaucon aux armes des Chaillou de Saint-Marc ; dans les ouvrages donnés par les Confreres de Paris ; dans les tombeaux de l'Eglife du Saint Sépulchre rue Saint-Denis, & de plufieurs Eglifes de Paris. Ce n'eft donc point une prétention nouvelle que l'Archi-Confrairie éleve, c'eft un ufage ancien qu'elle reclame & dont elle avoit joui conftammient jufqu'à l'époque des ordres de Votre Majeste', ufage qui conferve à Votre Maseste' Elle-même les traces d'une inftitution qui peut un jour devenir utile à fa Couronne, lorfque des tems plus convenables lui permetteront de mettre à profit ces inftitutions foumifes immédiatement à fon pouvoir & à fon autorité.

D'ailleurs, Sire, quelles font les perfonnes qui peuvent feules compofer la troifieme claffe de l'Archi-Confrairie

rie Royale, celle des Confreres de dévotion ? Des nobles & des notables Bourgeois. Louis XIV en rendant le témoignage que cette affociation *n'étoit autrefois adminiftrée que par des Princes & des Gentilshommes*, a voulu que l'on n'y reçut à l'avenir *que des Nobles & des Bourgeois notables*. Tout ce qui eft inférieur à cette derniere claffe en eft exclus ; les fupplians peuvent affurer Votre Majesté', que ce Corps touche au moment de fa compofition totale dans ce genre, & que dans le moment actuel plus des deux tiers de cette troifieme claffe fe trouve n'être rempli que par des Gentilshommes, des Prélats de tous les grades, des Eccléfiafti.jues Nobles, des Magiftrats de toutes les Cours Souveraines & des notables Bourgeois.

Ce Confideré, Sire, plaife à Votre Majesté avoir égard aux très - humbles & très - refpectueufes repréfentations des fupplians ; ce faifant les garder, maintenir & conferver dans les privileges & prérogatives a eux accordés par les prédéceffeurs de Votre Majesté, en conféquence ordonner que l'Archi-Confrairie dans tous les actes qu'elle aura occafion de paffer, continuera à fe qualifier, comme cy-devant, *Archi-Confrairie Royale des Chevaliers, Voyageurs & Confreres de dévotion du Saint-Sépulchre de Jérufalem*, qu'à l'avenir elle ne pourra recevoir que des Nobles juftifians de leur Nobleffe, & des Bourgeois notables ; que les preuves de Nobleffe & de Bourgeoifie feront remifes aux Commiffaires informateurs, pour, fur leur rapport & l'avis du Procureur Général de l'Ordre & Archi-Confrairie, être les afpirans admis ou rejettés par fes Grands Officiers & autres Officiers ; ordonner que ceux qui auront été reçus Chevaliers au Saint-Sépulchre de Jérufalem, continueront de porter la Croix à

F

huitpointes telle qu'elle leur aura été délivrée à Jérusalem, avec la Croix rouge brodée sur leurs vétemens. Permettre aux Gentilshommes & notables Bourgeois vivans noblement & ne faisant aucun commerce, qui se trouvent actuellement dans ladite Archi-Confrairie, & ceux qui y seront reçus par la suite, de porter publiquement, tant dans les cérémonies de ladite Archi-Confrairie, qu'au dehors la Croix potencée cantonnée de quatre fleurs de lys, ayant sur l'un des Médaillons qui est au centre, les armes de France, & sur le revers, celle de Jérusalem, attachée au ruban noir qui en dépend, telle qu'elle est gravée à la tête du volume des statuts ; & aux Confreres qui sont d'une classe inférieure, de pouvoir s'en décorer dans les cérémonies de l'Archi-Confrairie seulement ; & dans le cas où la similitude du ruban pourroit exciter la reclamation de quelque Ordre, ordonner qu'il sera ajouté un liséré rouge & verd, au ruban noir appartenant à l'Ordre du Saint-Sépulchre, & les supplians ne cesseront de former des vœux pour la prospérité de votre regne & la conservation des jours de VOTRE MAJESTÉ.

Me. PERIN, Avocat.

DE L'IMPRIMERIE

De la Veuve BALLARD & Fils, Imprimeur de la Musique de la Chambre, des Menus-Plaisirs du ROI, & de Monseigneur le COMTE D'ARTOIS, rue des Mathurins 1776.